그리스도인의 삶

일러두기

1. 본 학습에 들어가기 전 반드시 예습을 합니다.
2. 각 질문을 충분히 묵상하고, 질문에 대한 답은 가능한 한 자신의 말로 작성합니다.
3. 공부 시간 시작부터 끝까지 성령께서 인도해 주시길 기도합니다.
4. 적용은 자신의 상황 안에서 구체적이고 실천 가능한 것으로 합니다.
5. 본 교재에 인용된 성경 말씀은 대한성서공회의 개역개정 성경을 따른 것입니다.

제자훈련 시리즈
2

그리스도인의 삶

교사선교회 지음

템북

차례

1부 그리스도인의 기초

들어가며	008
1과 중심되신 그리스도께 순종	010
2과 말씀 I	017
3과 말씀 II	023
4과 기도 I	030
5과 기도 II	036

2부 하나님을 알아 감

들어가며	046
1과 하나님 I	048
2과 하나님 II	055
3과 예수님	062
4과 성령님 I	069
5과 성령님 II	076
6과 삼위일체의 하나님	083

3부 그리스도인의 삶

들어가며	090
1과 가정생활	092
2과 공동체 생활	100
3과 사회생활	107
4과 문화생활	114
5과 복음 전파	121

1부 그리스도인의 기초
The Basics of Christians

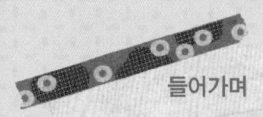 들어가며

"망령되고 허탄한 신화를 버리고 경건에 이르도록 네 자신을 연단하라 육체의 연단은 약간의 유익이 있으나 경건은 범사에 유익하니 금생과 내생에 약속이 있느니라"_디모데전서 4:7, 8

　예수님을 영접함으로 새 생명을 얻은 우리는 이 땅에서 하나님의 백성으로 살아가게 되었습니다. 이제 우리는 새로운 피조물이 되었으며, 예수 그리스도를 주인으로 모시게 되었습니다. 예수님이 주인 되신 삶의 특징은 예수님의 뜻을 알고 기꺼이 순종하는 데 있습니다. 그분은 인격적이시기 때문에 우리가 그분의 뜻을 따르기로 한 마음을 드릴 때에야 비로소 그분의 역사를 시작하십니다. 다음 내용을 함께 공부하며 주님이신 예수님과의 교제를 통하여 그분의 뜻을 알아 가는 방법에 대해 살펴봅시다.

- 어떻게 하는 것이 주님 되신 예수님에게 순종하는 삶입니까?
- 하나님의 말씀인 성경은 어떤 책입니까?
- 말씀 속에 나타난 주님의 뜻을 내 삶에 실현하려면 어떻게 해야 합니까?
- 기도는 삶에서 어떤 작용을 합니까?
- 기도가 삶이 되도록 하려면 어떻게 해야 합니까?

새 생명을 얻은 사람은 날마다 말씀과 기도로 하나님과 교제하며, 이를 통해서 알게 된 하나님의 뜻에 잘 순종합니다. 이는 성도로서 가장 아름다운 삶을 사는 유일한 길입니다. 그렇기에 사랑하는 여러분과 이 훈련을 함께 하고 싶습니다.

1과
중심되신 그리스도께 순종

"내가 그리스도와 함께 십자가에 못 박혔나니 그런즉 이제는 내가 사는 것이 아니요 오직 내 안에 그리스도께서 사시는 것이라 이제 내가 육체 가운데 사는 것은 나를 사랑하사 나를 위하여 자기 자신을 버리신 하나님의 아들을 믿는 믿음 안에서 사는 것이라"_갈라디아서 2:20

   예수님을 믿는다는 것은 예수님을 나의 주님(Lord)으로 인정한다는 뜻입니다. 예수님이 자신의 목숨을 희생하여 나를 구원하시고 내 삶의 주인이 되셨음을 인정하는 것이 믿음을 가진 사람의 태도입니다. 성경은 그러한 삶의 모습이 하나님과 예수님에게 사랑 받는 삶임을 가르쳐 줍니다(요 14:21). 사도 바울도 그의 삶이 이제는 그 자신의 것이 아니라 예수님에게 드려진 것이며, 따라서 전적으로 예수님에게 순종하는 삶을 산다고 고백합니다(갈 2:20).
   1과를 공부하며 그리스도께 순종하는 삶의 모습과 방법에 대해 깊이 이해하고 깨달아 예수 그리스도께 순종하는 복된 삶을 살아가기를 기대합니다.

중심되신 그리스도

1. 예수님은 어떤 분이십니까?

1) 사도행전 10:36 (참고. 빌 2:9~11)

2) 골로새서 1:18

3) 요한복음 1:14

2. 예수님은 나에게 어떤 분이십니까? (행 2:36; 마 16:16, 17)

3. 예수님을 주님으로 고백하는 자들의 삶에서 볼 수 있는 태도는 무엇입니까?

1) 빌립보서 1:20, 21

2) 사도행전 5:29

3) 요한계시록 2:13

그리스도께 순종

1. 순종이란 어떤 삶의 태도를 말하는 것입니까?

1) 골로새서 2:6, 7

2) 누가복음 9:23

3) 마태복음 7:24

4) 마태복음 25:21

2. 하나님이 원하시는 순종은 무엇일까요? 사무엘상 15:1~23을 읽고, 다음 물음에 답해 봅시다.

1) 하나님이 사울에게 내리신 명령은 무엇이었습니까? (2, 3절)

2) 사울은 하나님의 명령 앞에서 어떻게 행동했습니까? (9, 21절)

3) 하나님이 사람들에게 가장 원하시는 것은 무엇입니까? (22, 23절)

3. 순종과 불순종의 결과는 각각 무엇입니까?

순종의 결과	불순종의 결과
히 5:8, 9	요 3:36
신 28:1~6	신 28:15~19
롬 6:17, 18	엡 2:1~3

적용

1. 삶의 구체적인 영역에서 그리스도께 순종하는 삶을 살고 있습니까? 다음 삶의 영역 중에서 내가 예수 그리스도께 헌신하고 있는 영역은 무엇인지 점검해 봅시다.

☐ 돈과 재산   ☐ 여가 시간   ☐ 몸

☐ 명예   ☐ 미래 계획   ☐ 거주지

☐ 친구   ☐ 가족   ☐ 결혼, 이성 교제

☐ 공부   ☐ 직업   ☐ 기타 (   )

2. 그리스도께 순종했던 경험을 나누어 보십시오. 순종의 결과는 무엇이었습니까?

2과
말씀 I

"모든 성경은 하나님의 감동으로 된 것으로 교훈과 책망과 바르게 함과 의로 교육하기에 유익하니 이는 하나님의 사람으로 온전하게 하며 모든 선한 일을 행할 능력을 갖추게 하려 함이라"_디모데후서 3:16, 17

성경은 구약 39권과 신약 27권을 합하여 모두 66권으로 구성되어 있습니다. 또한 1,500여 년(BC 15세기~AD 1세기)에 걸쳐 40여 명의 각기 다른 저자가 세 종류의 언어(히브리어, 아람어, 헬라어)로 세 대륙(아시아, 아프리카, 유럽)에서 기록했습니다.

그런데 한 가지 놀라운 사실은, 이처럼 성경이 완성되기까지 수많은 변수가 작용했음에도 66권의 책이 완벽하게 조화를 이루며, 분명한 통일성과 일관성을 보여 주고 있다는 점입니다. 지금부터 성경이 어떤 책인지 알아보고, 성경이 기록된 이유와 우리에게 주는 유익은 무엇인지 살펴봅시다.

하나님의 말씀

1. 성경은 누구의 말씀입니까?

1) 성경 전체는 어떻게 기록되었습니까? (딤후 3:16)

2) 성경을 쓴 사람들은 어떤 사람들입니까? (벧후 1:21)

3) 성경을 읽을 때는 누구의 도움이 필요합니까? (고전 2:10)

2. 성경을 기록한 주된 목적은 무엇입니까?

1) 요한복음 5:39, 40

2) 디모데후서 3:15~17

3) 로마서 15:4

3. 하나님의 말씀인 성경을 대하는 태도는 어떠해야 합니까?

1) 시편 119:97, 131

2) 베드로후서 1:20, 21

말씀이 주는 유익과 말씀을 알아 가는 방법

1. 하나님의 말씀이 주는 유익은 무엇인지 다음 성경 말씀에서 찾아봅시다.

1) 시편 119:105

2) 예레미야 15:16

3) 시편 1:3

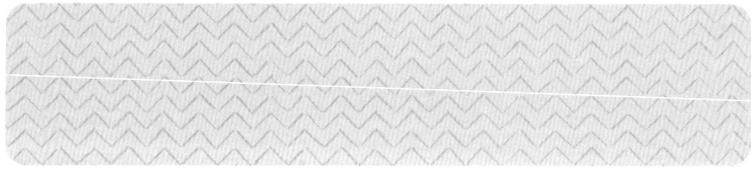

4) 사도행전 20:32

2. 성경에서 가장 기억에 남는 말씀은 무엇입니까? 그 말씀은 나의 삶에 어떤 영향을 주었나요?

3. 하나님의 말씀을 알아 가는 방법에는 어떤 것들이 있습니까?

시편 119:11, 16 •　　　　　　• 듣기

로마서 10:17 •　　　　　　• 읽기

사도행전 17:11 •　　　　　　• 공부

시편 1:2 •　　　　　　• 암송

요한계시록 1:3 •　　　　　　• 묵상

적용

1. 현재 내가 하나님의 말씀을 알아 가는 모습을 점검해 보고, 부족한 부분이 있다면 개선해 나갈 계획을 세워 봅시다.

방법	현재 모습	앞으로의 계획
듣기		
읽기		
공부		
암송		
묵상		

3과
말씀 Ⅱ

"이 율법책을 네 입에서 떠나지 말게 하며 주야로 그것을 묵상하여 그 안에 기록된 대로 다 지켜 행하라 그리하면 네 길이 평탄하게 될 것이며 네가 형통하리라"

_여호수아 1:8

　어떤 사람을 잘 알려면 그 사람을 만나야 하듯 하나님을 잘 알려면 그분을 만나야 합니다. 조용히 하나님을 만나는 시간, 즉 성경을 통해서 하나님의 말씀을 읽고 묵상하는 시간을 '경건의 시간(Quiet Time, 큐티)'이라고 합니다.
　경건의 시간은 생명력 넘치는 말씀의 힘을 우리 삶에서 실현하게 하는 힘이 있습니다. 이 시간은 하나님과의 교제가 회복되도록 돕는 거룩한 은혜의 시간입니다.
　자, 이제 그 비밀의 과정 속으로 들어가 봅시다.

경건의 시간

1. 경건의 시간을 날마다 가져야 하는 이유는 무엇입니까?

1) 시편 1:1, 2

2) 여호수아 1:8

3) 시편 119:97, 101, 102

4) 고린도전서 1:9

2. 성경 속 인물들은 어떻게 경건의 시간을 가졌습니까?

1) 다윗은 언제 하나님의 말씀을 듣기 원했습니까? (시 143:8)

2) 베뢰아 사람들은 성경 말씀을 들을 때 어떤 태도를 가졌습니까? (행 17:11)

3. 주변에 말씀을 깊이 묵상하고 실천하는 사람이 있습니까? 그 사람은 누구이며, 어떤 점이 그러한지 이야기해 봅시다.

경건의 시간 실습

※ 시편 1편 말씀으로 경건의 시간을 가져 봅시다.
　경건의 시간을 위한 준비: 약속한 시간, 한적한 장소, 간절한 마음, 성경과 필기구

1. 성경을 읽기 전에 먼저 기도합니다. (시 119:18)
"하나님, 오늘 제가 하나님의 말씀을 듣기를 원합니다. 진리의 빛 되신 성령께서 제 마음에 말씀하여 주시고, 제가 잘 깨달아 알게 하소서. 예수님의 이름으로 기도합니다. 아멘."

2. 성령께서 감동을 주시는 부분이 있을 때까지 본문 말씀을 천천히 세 번 정도 읽습니다.

시편 1편
1 복 있는 사람은 악인들의 꾀를 따르지 아니하며 죄인들의 길에 서지 아니하며 오만한 자들의 자리에 앉지 아니하고
2 오직 여호와의 율법을 즐거워하여 그의 율법을 주야로 묵상하는도다
3 그는 시냇가에 심은 나무가 철을 따라 열매를 맺으며 그 잎사귀가 마르지 아니함 같으니 그가 하는 모든 일이 다 형통하리로다
4 악인들은 그렇지 아니함이여 오직 바람에 나는 겨와 같도다
5 그러므로 악인들은 심판을 견디지 못하며 죄인들이 의인들의 모임에 들지 못하리로다
6 무릇 의인들의 길은 여호와께서 인정하시나 악인들의 길은 망하리로다

〈경건의 시간에 도움이 되는 읽기 방법〉

- 처음 읽는 것처럼 읽기
- 반복해서 읽기: 다른 방법, 다른 역본으로 읽기
- 분석적으로 읽기: '누가', '왜', '무엇을' 등을 질문하며 읽기
- 전체적인 맥락을 생각하며 읽기

3. 이 말씀을 통해 오늘 하나님이 나에게 무엇을 말씀하시고자 하는지 깊이 생각합니다. (딤후 3:15-17)

〈묵상을 돕는 방법〉

- 말씀에 나타난 하나님의 성품과 속성 생각하기
- 말씀에서 보여 주시는 하나님의 역사하심과 그 원리 생각하기
- 말씀 속 등장인물이 되어 그 상황에서 말씀 생각하기
- 성경을 통해서 알게 된 나의 모습 돌아보기

4. 본문 말씀을 읽고 새로 알게 된 점이나 느낀 점을 자유롭게 적습니다. 말씀을 묵상할 때 하나님에 대하여 새롭게 알게 된 지식, 하나님의 약속과 명령, 따라야 할 모범, 내가 버려야 할 죄와 피해야 할 행동 등을 깊이 생각해 보면 유익합니다.

5. 오늘 말씀을 어떻게 삶에 적용할 수 있을지 생각하고, 구체적으로 실천 가능한 계획을 세웁니다. (대상, 장소, 일시, 방법 등)

6. 말씀을 주신 하나님께 감사하며 계획한 것을 잘 실천할 수 있도록 도움을 청하는 기도로 마칩니다.

적용

1. 날마다 경건의 시간을 가질 결심을 하면서 다음의 계획을 세워 봅시다.

1) 시간 :   시   분 ~   시   분

2) 장소:

3) 필요한 도구(예: 성경책, 큐티 교재, 경건 노트)

4) 경건의 시간에 깨달은 말씀을 함께 나눌 사람

경건의 시간을 계속하려면,
1. 중도에 포기하지 않는다.
2. 하나님 앞에 솔직하고 겸손한 마음으로 나아간다.
3. 성령님의 인도하심을 구한다.
4. 깨달은 말씀을 다른 사람과 나눈다.

4과
기도 I

"아무 것도 염려하지 말고 다만 모든 일에 기도와 간구로, 너희 구할 것을 감사함으로 하나님께 아뢰라 그리하면 모든 지각에 뛰어난 하나님의 평강이 그리스도 예수 안에서 너희 마음과 생각을 지키시리라"

_빌립보서 4:6, 7

    기도는 그리스도인에게 주어진 아주 중요한 특권입니다. 우리는 예수님의 이름으로 기도함으로써 하나님 아버지와 친밀하게 교제하고, 하나님의 사랑과 관심에 대한 감사와 우리의 마음 상태를 고백할 수 있습니다.
    기도는 구하고 받는 것이며, 그 이상의 것이기도 합니다. 우리에게 기도는 호흡과도 같습니다. 하나님은 기도하는 사람을 기뻐하십니다.

기도와 응답

1. 요한복음 16:24에서 말씀하는 기도란 무엇입니까?

2. 하나님은 기도에 대하여 어떤 약속을 주셨습니까?

1) 마태복음 7:7~11

2) 예레미야 33:3

3) 에베소서 3:20

3. 기도의 응답을 받은 성경 속 인물들은 어떻게 기도했습니까?

1) **히스기야** (왕하 20:2, 3)

2) **다니엘** (단 2:16~19)

4. 기도로 주께 구할 수 있는 것에는 어떤 것들이 있습니까?

1) **야고보서 1:5**

2) **야고보서 5:15, 16**

3) 누가복음 11:8~13

4) 마태복음 6:33

영혼의 호흡

1. 시편 62:8에서 말씀하는 기도란 무엇입니까?

2. 예레미야 29:12~14에서 볼 수 있는 하나님은 어떤 분이십니까?

3. 나는 주께 무엇을 기도할 수 있습니까?

1) 시편 51:1~4

2) 시편 63:1

3) 누가복음 22:42~44

4) 빌립보서 4:6, 7

적용

1. 기도 응답을 받은 일이 있다면 함께 나누어 봅시다.

2. 다윗은 그의 마음이 약해질 때 "땅 끝에서부터 주께 부르짖으오리니"(시 61:2)라고 기도했습니다. 내가 하나님께 부르짖고 싶은 것은 무엇입니까?

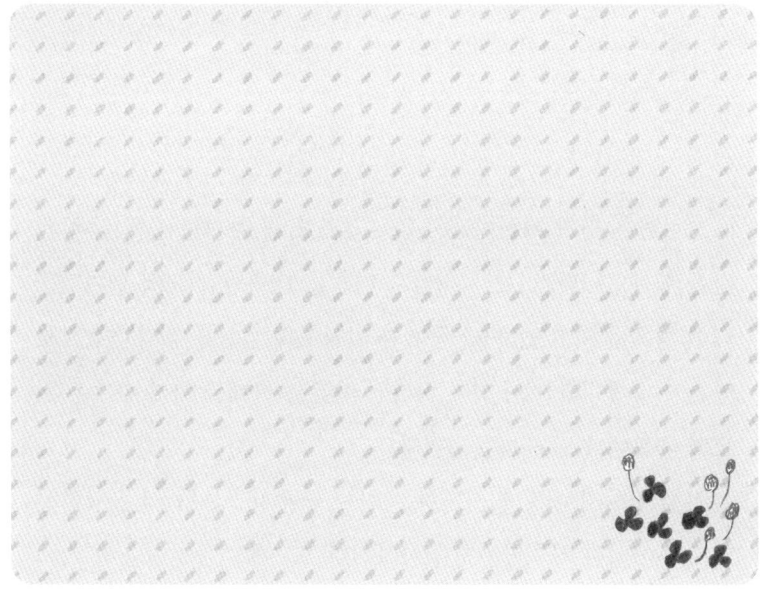

5과
기도 II

"새벽 아직도 밝기 전에 예수께서 일어나 나가 한적한 곳으로 가사 거기서 기도하시더니"_마가복음 1:35

    사람들은 각자 자신이 좋아하고 중요하게 여기는 것에 많은 시간을 할애합니다. 나는 하나님과 나누는 대화인 기도에 얼마만큼의 정성을 들이고 있나요? 중요한 일일수록 훈련을 통해 습관으로 만들어야 합니다. 예수님이 하나님과 깊은 관계를 가지신 것은 기도의 습관이 있었기 때문입니다.
    언제 어디서 어떻게 기도하는 것이 좋은지, 하나님이 응답하신 기도는 어떠한 기도였는지 알아봅시다.

기도는 습관이다!

1. 다니엘은 어떻게 기도하였습니까? (단 6:10)

2. 마태복음 6:5~13에서 예수님이 제자들에게 가르치신 기도에 대해 알아봅시다.

1) 기도 장소는 어떤 곳이 좋습니까? (6절)

2) 외식하는 기도는 어떤 기도입니까? (5절)

3. 예수님은 언제 어디서 기도하셨습니까? (막 1:35)

4. 예수님은 어떻게 기도하셨습니까? (눅 22:39~45)

Desire ⇒ Discipline ⇒ Delight!

기도의 응답

1. 하나님은 어떤 기도에 응답하십니까?

1) 마태복음 21:22

2) 누가복음 11:8~13

3) 요한복음 15:7

4) 마태복음 18:19

2. 기도의 응답을 방해하는 것들은 무엇입니까?

1) 이사야 1:15; 시편 66:18

2) 누가복음 18:1~7

3) 야고보서 1:6, 7

4) 야고보서 4:3

3. 다음 기도의 순서에 따라 나의 기도를 적어 봅시다.

1) 찬양(Adoration, 시 117:1)

2) 고백(Confession, 요일 1:9)

3) 감사(Thanksgiving, 살전 5:18)

4) 간구(Supplication, 마 26:39)

5) 예수님의 이름으로 기도를 마칩니다.

적용

1. 기도를 통해 주님과 만날 약속을 세워 봅시다.

1) 내가 날마다 기도하는 시간은 (   ) 입니다.

2) 내가 날마다 기도하는 장소는 (   ) 입니다.

"우리가 기도할 때 하나님이 일하신다."
_E. 바운즈

"기도는 우리 매일의 일과이며 습관이며 사명이다."
_찰스 스펄전

"기도는 하나님을 변하게 하는 것이 아니라 우리 자신을 변하게 한다."
_찰스 피니

"기도는 죄를 멈추도록 이끌지만, 죄는 기도를 멈추도록 유혹한다."
_존 번연

2부 하나님을 알아 감
Knowing God

들어가며

"그러므로 우리가 여호와를 알자 힘써 여호와를 알자 그의 나타나심은 새벽 빛 같이 어김없나니 비와 같이, 땅을 적시는 늦은 비와 같이 우리에게 임하시리라 하니라"_호세아 6:3

그리스도인이 연구해야 할 합당한 주제는 하나님의 본성입니다. 우리의 주의를 끌 수 있는 가장 고도의 과학이자 고상한 사색, 강력한 철학은 우리가 아버지라고 부르는 위대하신 하나님의 이름과 그분의 본성, 인격과 역사, 그분의 존재입니다.

"하나님은 누구이신가"라는 주제는 우리가 자칫 하나님을 축소하고 왜곡해서 표현하게 되지 않을까 하는 두려움을 주지만, 신앙을 바르게 하는 필수 주제이기에 손을 뗄 수는 없습니다.

　하나님을 알아 갈수록 그분은 너무나 광대하고 심오해서 우리의 지성으로는 그분을 다 이해할 수 없으며 표현하는 것 또한 어렵다는 것을 알게 될 것입니다. 이 주제는 우리를 겸손하게 하고, 마음을 넓혀 주며, 우리 영혼 전체가 확대되는 경험을 하게 해 줍니다. 또한 그분의 깊은 신성에 잠길 때 우리는 진정한 안식과 크나큰 위로를 경험할 수 있습니다.

1과
하나님 I

"오직 자기의 하나님을 아는 백성은 강하여 용맹을 떨치리라"_다니엘 11:32하

사람들은 자신의 지식이나 경험에 비추어 하나님을 인식하는 경향이 있습니다. 그래서 어떤 사람은 하나님을 두려운 분으로 인식하고, 또 어떤 사람은 하나님을 한없이 사랑이 많으신 분으로 이해합니다.

하나님을 온전히 이해하는 것은 하나님과의 교제를 풍성하게 해 주고, 삶의 현장에서 담대함으로 용기를 발하게 해 줍니다. 그리하여 베드로처럼 "사람보다 하나님께 순종하는 것이 마땅하니라"(행 5:29)라는 고백도 할 수 있게 해 줍니다. 하나님이 어떤 분이신지 잘 아는 사람만이 그분을 전심으로 따를 수 있습니다.

나의 하나님은 어떤 분이십니까?

유일하신 하나님

1. 우리가 하나님을 하나님이라고 부르는 이유는 무엇입니까?

1) 신명기 6:4

2) 이사야 37:16

2. 하나님은 자신을 어떤 분으로 소개하십니까? (사 45:21, 22)

영원하신 하나님

1. 다음 말씀을 통하여 알 수 있는 하나님은 어떤 분이십니까?

   1) 요한계시록 1:8

   2) 시편 90:2

2. 하나님이 다스리시는 나라는 어떤 나라입니까? (시 145:13)

3. 영원하신 하나님이 우리에게 약속하신 것은 무엇입니까? (요일 2:25)

공의로우신 하나님

1. 시편 89:14에서 말씀하는 하나님은 어떤 분이십니까?

2. 하나님은 그분의 공의로운 성품을 사람들에게 어떻게 표현하십니까? (롬 2:5~10)

1) 인내하고 선을 행하는 자에게

2) 불의를 좇는 자에게

사랑이신 하나님

1. 요한일서 4:7, 8을 통해 하나님에 대하여 알 수 있는 사실은 무엇입니까?

2. 사랑의 하나님이 나에게 주신 계명은 무엇입니까? (마 22:37~40)

3. 내가 예수 그리스도 안에서 알게 된 사랑은 어떤 것입니까? 또한 하나님의 사랑은 내 삶에서 어떤 모습으로 나타나야 합니까? (요일 3:16~18)

신실하신 하나님

1. 하나님은 약속하신 것을 어떻게 이행한다고 말씀하셨습니까? (민 23:19)

2. 죄 많은 사람이 하나님 앞에서 진멸되지 않는 이유는 무엇입니까?
(사 42:3; 시 78:38; 애 3:22)

3. 하나님의 성실하심은 어떻게 표현됩니까? (애 3:22, 23)

4. 신실하신 하나님이 우리에게 주시는 도움은 무엇입니까? (고전 10:13)

적용

1. 이번 과를 통하여 하나님에 대해 새롭게 알게 된 사실은 무엇입니까?

2. 나의 하나님은 어떤 하나님이십니까?

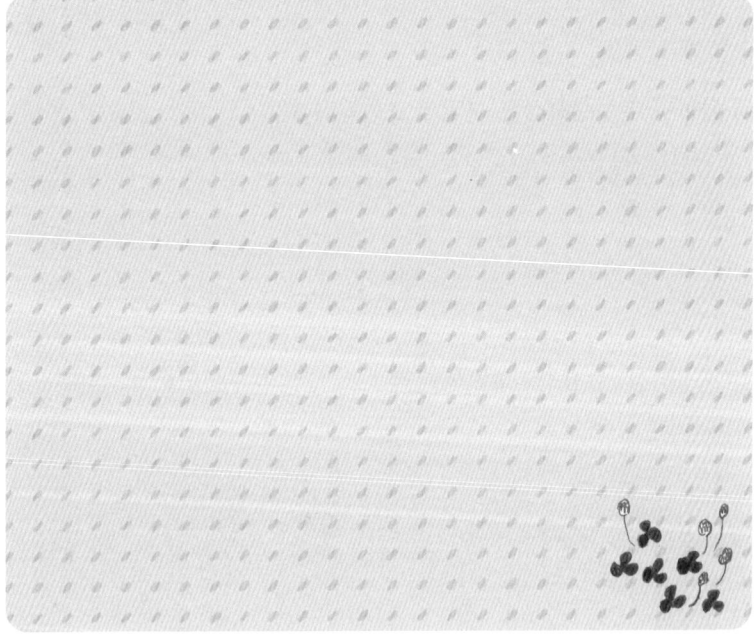

2과
하나님 II

"태초에 하나님이 천지를 창조하시니라"
_창세기 1:1

"믿음이 없이는 하나님을 기쁘시게 하지 못하나니 하나님께 나아가는 자는 반드시 그가 계신 것과 또한 그가 자기를 찾는 자들에게 상 주시는 이심을 믿어야 할지니라"_히브리서 11:6

하나님은 우리가 믿음의 눈으로 만나고 경험할 수 있는 분입니다. 하나님은 그분을 전심으로 찾고 구하는 사람을 만나 준다고 약속하셨으며(렘 29:13), 믿음을 가진 사람들로 인해 기뻐하십니다. 그리고 우리에게 하나님을 아는 지식 안에서 자라 가라고 권면하십니다(벧후 3:18).

이 과를 공부하면서 태초부터 지금까지 쉬지 않고 일하시는 하나님을 발견하기를 바랍니다. 또한 우리가 신실하신 하나님의 통치 아래 살고 있음을 경험하기를 소망합니다.

창조주 하나님

1. 우리가 살고 있는 세상을 만드신 분은 누구입니까?

2. 창세기 1, 2장에서 하나님이 천지를 창조하신 과정을 살펴봅시다.

날	창조물	날	창조물
첫째 날 (1~5절)		둘째 날 (6~8절)	
셋째 날 (9~13절)		넷째 날 (14~19절)	
다섯째 날 (20~23절)		여섯째 날 (24~31절)	
일곱째 날 (2장 1~3절)			

3. 피조 세계를 바라보시는 하나님의 마음은 어떠하셨습니까? (창 1:31, 참고. 사 65:17, 18)

4. 시편 104편을 읽고 하나님이 지금 하시는 일은 무엇인지 찾아봅시다.

통치하시는 하나님

1. 하나님이 만물을 통치하실 수 있는 이유는 무엇입니까?

1) 로마서 11:36

2) 요한일서 3:20 (참고. 렘 23:24)

2. 세상을 통치하시는 하나님은 어떤 분이십니까? (대상 29:11~13)

3. 하나님이 통치하시는 영역을 구체적으로 알아봅시다.

1) 시편 139:14~16 (참고. 렘 1:5)

2) 시편 24:1, 2 (참고. 창 8:22)

3) 역대상 29:11

4) 이사야 66:22

5) 창세기 1:26~28

말씀하시는 하나님

1. 하나님의 영원하신 능력과 신성이 깃들어 있는 것이 있습니다. 그것은 무엇이며, 어떤 점에서 그러한지 예를 들어 설명해 보십시오. (롬 1:20)

2. 하나님은 시대에 따라 다른 방법으로 말씀하십니다. 그 차이점은 무엇입니까? (히 1:1, 2)

1) 옛적에 말씀하신 방법

2) 마지막 때에 말씀하시는 방법

3. 디모데후서 3:15~17을 읽고 다음 질문에 답해 보십시오.

1) 하나님의 말씀은 우리에게 어떤 유익을 줍니까? (15절)

2) 성경은 어떻게 쓰인 것입니까? (16절)

3) 그렇게 말씀하시는 이유는 무엇입니까? (16, 17절)

1. 어떻게 하면 나의 삶을 하나님이 통치하시는 삶으로 만들 수 있습니까? 구체적인 방법을 적어 봅시다.

3과
예수님

"이는 한 아기가 우리에게 났고 한 아들을 우리에게 주신 바 되었는데 그의 어깨에는 정사를 메었고 그의 이름은 기묘자라, 모사라, 전능하신 하나님이라, 영존하시는 아버지라, 평강의 왕이라 할 것임이라"

_이사야 9:6

2,000여 년 전 이스라엘 땅에서 출생하여 33년이라는 짧은 생애를 사신 예수 그리스도. 나는 그분을 어떠한 분으로 알고 있습니까? "너는 나를 누구라 하느냐"라는 예수님의 물음에 무엇이라고 대답하겠습니까?

하나님의 본체시나 우리와 같이 되셨고, 우리를 사랑하셔서 목숨까지 내놓으신 그분에 대하여 깊이 알아 가는 기쁨이 있기를 바랍니다.

예수님은 누구십니까?

1. 예수님은 어떤 분이십니까?

1) 이사야 9:6

2) 빌립보서 2:6~11

3) 골로새서 1:16~20 (참고, 요 1:1~3)

2. 성경 말씀은 누구에 대하여 기록된 것입니까? (눅 24:44; 요 5:39)

3. '예수'라는 이름은 "자기 백성을 그들의 죄에서 구원할 자"(마 1:21) 라는 뜻입니다. 예수님의 또 다른 이름인 '임마누엘'은 무슨 뜻입니까?

(마 1:23)

4. 예수님이 이 땅에서 하신 일은 무엇입니까? (사 61:1~3, 53:5)

예수님의 사역

1. 예수님의 삶과 사역에는 분명한 동기가 있었습니다. 그것은 무엇입니까?

1) 요한복음 5:30

2) 요한복음 4:31~34

2. '그리스도(Christ)'란 "기름 부음을 받은 자"라는 뜻이며, 이는 예수님이 곧 선지자요 제사장이며 왕이란 뜻입니다. 예수님이 그리스도로서 하신 일을 살펴봅시다.

1) 선지자(하나님께 받은 계시를 백성들에게 가르쳐 지키게 하는 사람)로서

사도행전 3:20~24

마태복음 9:35

2) 제사장(하나님께 백성의 속죄를 위한 희생 제물을 드려 하나님과 백성의 화친을 도모하는 중보자 역할을 하는 사람)으로서

히브리서 4:14~16 (참고. 요일 2:1, 2)

히브리서 7:25, 26

3) 왕(하나님의 백성과 교회를 다스릴 뿐 아니라 우주를 지배하고 통치하는 권한을 가진 사람)으로서

마태복음 28:18

에베소서 1:20, 21

3. 그리스도이신 예수님이 나에게 그분과 같은 직분을 주시며 부탁하신 일에 대해 알아봅시다. (벧전 2:9)

1) 예수님이 나에게 주신 직분은 무엇입니까?

2) 그 직분을 주신 이유는 무엇입니까?

4. 예수님이 하늘과 땅의 모든 권세를 가지고 나에게 주신 사명은 무엇입니까? (마 28:19, 20, 참고. 요 21:15~17)

적용

1. 나는 예수님을 나의 선지자이자 제사장이며 왕(主, Lord)으로 모시고 있습니까?

2. 예수님을 왕으로 시인한 내가 예수님의 말씀에 순종해야 할 일은 무엇입니까?

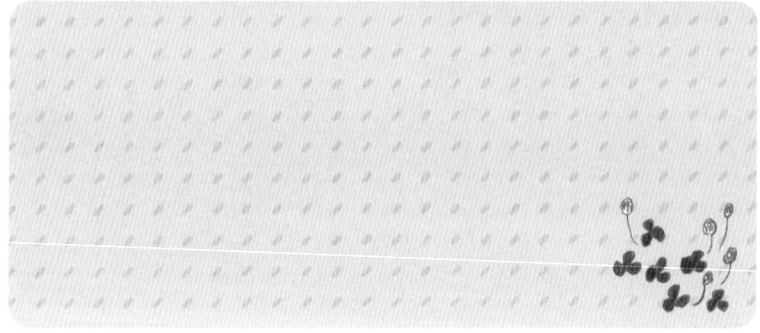

'주(主)'라는 단어에는 '구세주(Saviour)'라는 의미 외에도 '왕(Lord)'이라는 의미가 큰 부분을 차지한다. 주님은 우리를 통치하고 보호하며 인도하시는 왕이다. 그리스도는 나의 주인이시며 나는 그분의 종, 노예이다. 우리는 삶의 모든 영역에서 왕이신 예수님에게 순종해야 한다.

4과
성령님 I

"그의 위에 여호와의 영 곧 지혜와 총명의
영이요 모략과 재능의 영이요 지식과 여호
와를 경외하는 영이 강림하시리니"
_이사야 11:2

　예수님이 제자들에게 "내가 떠나가는 것이 너희에게 유익이
라"(요 16:7)라고 말씀하셨습니다. 예수님이 하늘로 올라가시지 않
으면 성령님이 오실 수 없기 때문입니다. 성령님이 어떤 분이시기
에 예수님이 그렇게 말씀하셨을까요? 성령님이 하시는 일이 무엇
이기에 예수님이 자신은 어서 떠나고 성령님이 일하셔야 한다고
말씀하셨을까요? 실제로 제자들은 예수님이 살아 계실 때 예수님
의 말씀을 잘 따르지 못하고, 예수님이 십자가에 달리실 때는 배
반하기까지 했으나 오순절 다락방에 성령께서 임하신 사건 이후
전혀 다른 모습을 보여 주었습니다.
　성령님은 나에게 어떤 분이십니까?

성령님은 누구십니까?

1. 내가 알고 있는 성령님은 어떤 분이십니까?

2. 성령님의 또 다른 이름은 무엇입니까?

1) 이사야 11:2

2) 사도행전 16:7

3) 창세기 1:2

4) 요한복음 14:26

'보혜사'는 헬라어로 '중보자', '위로자', '변호자', '함께 있어 주는 자'라는 뜻이며 '保惠師(보혜사)'라는 한자어는 '보호하고 은혜를 베풀며 가르치는 자'라는 뜻이다.

3. 다음 성경 말씀은 성령님이 하나님이시라는 사실을 말해 주고 있습니다. 성령님은 하나님으로서 어떤 일을 하셨습니까?

1) 욥기 33:4

2) 히브리서 9:14

3) 시편 139:7~10

4. 성령님이 인격적이신 분이라는 사실을 어떻게 알 수 있습니까?

1) 고린도전서 2:10~12

2) 에베소서 4:30

3) 고린도전서 12:11

우리 안에 거하시는 성령님

1. 성령님이 거하시는 곳은 어디입니까?

   1) 고린도전서 3:16, 17

   2) 사도행전 2:1~4

2. 성령님이 나와 공동체를 위해서 하시는 일은 무엇입니까?

   1) 성도 한 사람 한 사람을 위하여

   고린도전서 12:3

   요한복음 14:16, 17

요한복음 14:26

2) 공동체의 교제를 위하여

에베소서 4:1~3

로마서 5:5

사도행전 2:43~47

적용

1. 이번 과를 통해 성령님에 대해서 새롭게 알게 된 사실은 무엇입니까?

2. 성령님을 나와 우리 안에 거하시게 하는 방법은 무엇입니까?

5과
성령님 Ⅱ

"술 취하지 말라 이는 방탕한 것이니 오직
성령으로 충만함을 받으라"_에베소서 5:18

초대 교회의 역사를 기록한 사도행전은 '성령행전'으로도 불립니다. 오순절 성령 강림 사건 이후 오늘에 이르기까지 성령님의 임재와 역사는 그분을 의뢰하는 사람들 속에서 계속되어 왔습니다.

이번 과에서는 그 성령님이 우리 속에서 어떻게 역사하시는지를 공부하겠습니다. 믿음의 위대한 인물들에게 하신 것처럼 성령님이 나와 내가 함께하는 공동체 위에 임하시고 역사하시기를 간절히 기대합니다.

사람을 변화시키는 성령님

1. 성령의 열매에는 어떤 것들이 있습니까? (갈 5:22, 23)

2. 성령으로 말미암아 베드로에게 일어난 인격적인 변화에 대해 알아봅시다.

1) **변화 전** (요 18:10; 막 14:29~31)

2) **변화 후** (벧전 3:8, 9; 행 2:38~42)

3. 하나님의 자녀들에게 성령이 충만하게 임하자 어떤 일이 일어났습니까? (행 2:43~47)

4. 성령의 열매를 맺는 방법은 무엇입니까?
1) 요한일서 2:15~17

2) 갈라디아서 5:16, 17

5. 나의 인격에 어떤 변화가 있기를 바랍니까? 구체적으로 적어 봅시다.

은사를 주시는 성령님

1. 성령님이 주시는 은사에는 어떤 것들이 있습니까?

1) 고린도전서 12:8~10

2) 로마서 12:5~8

2. 성령의 은사를 어떻게 사용해야 합니까?

1) 고린도전서 14:26

2) 고린도전서 13:1~3

3. 성령의 은사를 주시는 목적은 무엇입니까?

1) 에베소서 4:12

2) 사도행전 1:8

4. 초대 교회 성도들이 성령의 기름 부으심을 받은 이후 어떻게 변화되었는지 살펴봅시다.

1) 사도행전 3:6~10

2) 사도행전 5:29, 41, 42

3) 사도행전 13:1~3

5. 성령의 은사를 선물로 받을 수 있는 방법은 무엇입니까? (행 2:38, 39)

6. 성령님을 모신 사람이 가져야 할 태도는 무엇입니까?

1) 에베소서 4:30

2) 데살로니가전서 5:19

1. 성령의 도우심을 통해 나의 삶과 공동체가 변화하도록 기도합시다.

6과
삼위일체의 하나님

"하나님이 이르시되 우리의 형상을 따라 우리의 모양대로 우리가 사람을 만들고 그들로 바다의 물고기와 하늘의 새와 가축과 온 땅과 땅에 기는 모든 것을 다스리게 하자 하시고"_창세기 1:26

삼위일체 되신 하나님을 이해하기란 쉬운 일이 아닙니다. 성령께서 특별히 깨닫게 해 주셔야 알 수 있는 신비한 진리입니다.

바울 사도는 그가 이 땅에서 살아가는 동안 삼위 하나님의 영광에 대하여 완전한 지식을 얻는 것은 불가능하다는 것을 잘 알았습니다. 그럼에도 그의 일생이 하나님을 알고자 하는 열망으로 가득했던 것은 그에게 있어 '하나님을 아는 지식'이 가장 고상한 것이었기 때문입니다.

우리는 이제 삼위일체의 하나님에 대해서 공부할 것입니다. 하나님을 알고자 하는 열망이 우리 영혼에 가득하길 기대합니다.

삼위 하나님의 하나 됨

1. 예수님은 자신을 어떤 말로 표현하십니까? (요 14:23)

2. 예수님은 하나님과의 하나 됨에 대하여 어떻게 증거하셨습니까?
1) 요한복음 10:30

2) 요한복음 17:11

3. 성부 하나님, 성자 하나님, 성령 하나님은 한 하나님이십니다. 에베소서 4:4~6에서는 이것을 어떻게 묘사하고 있습니까?

삼위일체 하나님의 동역

1. 삼위 하나님의 사역은 유기적으로 연합되어 있습니다. 삼위 하나님이 어떻게 동역하고 계신지 알아봅시다.

	성부	성자	성령
창조	창 1:3	요 1:3	욥 33:4
성육신	요 3:16	눅 2:11	눅 1:35
거듭남	요 1:12, 13	엡 1:7	딛 3:5
영적 친교	고전 1:9	고후 5:19	엡 2:18

2. 삼위일체 하나님의 공통된 성품은 무엇입니까? (요일 4:16)

3. 하나님은 내가 하나 되신 그분의 자녀로서 어떻게 행동하기를 바라십니까? (엡 4:1~4)

4. 삼위 하나님의 영광은 나의 신앙생활에서 어떻게 나타나고 있습니까?

1) 세례 (마 28:19)

2) 축복 (고후 13:13)

3) 기도 (요 16:23; 롬 8:26)

적용

1. 삼위 하나님의 하나 됨과 동역이 나에게 주는 감동과 교훈은 무엇입니까?

3부 그리스도인의 삶

The Life of Christians

들어가며

"너희는 이 세대를 본받지 말고 오직 마음을 새롭게 함으로 변화를 받아 하나님의 선하시고 기뻐하시고 온전하신 뜻이 무엇인지 분별하도록 하라"_로마서 12:2

　예수 그리스도를 주님으로 모신 우리는 그분의 뜻에 순종하며 살아가고 싶은 간절한 바람이 있습니다. 일상 속에서 날마다 말씀을 읽고 묵상하며 암송하고 듣기도 할 뿐 아니라, 정기적으로 성경 말씀을 공부하면서 날마다 무릎 꿇는 기도생활을 통하여 하나님과의 교제를 유지하는 것이 그리스도인의 삶의 기초가 된다는 것을 배웠습니다.
　3부에서는 우리가 하나님과의 교제를 통해서 깨닫게 된 하나님의 온전하신 뜻을 우리 삶에서 어떻게 실현해 낼 수 있을지에 대해 알아보고자 합니다. 다음 내용을 통해서 나의 가정과 공동체 그리고 내가 속한 사회와 문화 안에서 어떻게 그리스도인으로서의 삶을 살 수 있을지, 어떻게 복음을 전하며 살 수 있을지 모색해 봅시다.

- 하나님이 가정을 만드신 이유는 무엇이며, 하나님은 그리스도인들이 어떤 가정을 이루어 가길 바라십니까?
- 하나님이 나를 그리스도인으로 부르신 것은 공동체와 어떤 관련이 있으며, 그리스도인의 공동체적 삶은 어떠해야 합니까?
- 하나님의 다스리심이 회복되어야 할 이 사회를 위하여 그리스도인은 어떤 삶을 살아야 합니까?
- 이 세상에서 문화는 어떻게 왜곡되었고, 하나님은 그리스도인들이 어떻게 회복해 가기를 원하십니까?
- 하나님이 그리스도인들에게 전하라고 하신 복음은 무엇이며, 복음 전파의 실제적인 방법은 무엇입니까?

그리스도인이 세상에서 소금과 빛으로 산다는 것은 하나님과의 교제를 통하여 그분의 선하시고 기뻐하시고 온전하신 뜻이 무엇인지 분별하여, 그 뜻에 순종하며 사는 것을 말합니다. 이 풍성한 삶으로 여러분을 초대합니다.

1과
가정생활

"이러므로 남자가 부모를 떠나 그의 아내와 합하여 둘이 한 몸을 이룰지로다 아담과 그의 아내 두 사람이 벌거벗었으나 부끄러워하지 아니하니라"_창세기 2:24, 25

하나님은 사람을 혼자 살게 두지 않으시고 가정을 이루어 함께 살게 하셨습니다. 가정은 남편과 아내뿐만 아니라 자녀에게도 매우 중요한 공동체입니다.

결혼하여 하나가 된 부부는 가정을 통하여 하나님 나라의 풍성함을 경험하고, 자녀는 가정 안에서 온전한 인격체로 자랍니다.

하나님이 직접 허락하신 가정 속에 감추어진 놀라운 비밀은 무엇이며, 그리스도인의 가정생활은 어떠해야 하는지 알아봅시다.

가정의 소중함

1. 하나님이 가정을 만드신 목적은 무엇입니까?

1) 하나님의 속성과 관련하여 (창 2:18)

2) 창조 명령과 관련하여 (창 1:26~28, 4:1)

3) 하나 됨(연합)과 관련하여 (창 2:24; 전 4:8)

2. 창세기 2장 23~25절에서 '하나님이 원하시는 가정'의 모습을 보여 주는 표현들을 살펴보고, 그 의미를 생각해 봅시다.

1) 표현: "아담이 이르되 이는 내 뼈 중의 뼈요 살 중의 살이라"

   의미:

2) 표현: "남자가 부모를 떠나"

   의미:

3) 표현: "그의 아내와 합하여 둘이 한 몸을 이룰지로다"

   의미:

4) 표현: "아담과 그의 아내 두 사람이 벌거벗었으나 부끄러워하지 아니하니라"

   의미:

3. 다음 성경 말씀에서 하나님이 허락하신 가정의 기능을 찾아봅시다.

1) 창세기 1:27, 28 (참고. 마 1:2~16)

2) 신명기 6:5~9

3) 신명기 12:7

하나님이 가정에 바라시는 것

1. 하나님은 부부가 서로 어떻게 하기를 바라십니까?

1) 에베소서 5:22

"아내들이여 자기 남편에게 (   )하기를 주께 하듯 하라"

2) 에베소서 5:25

"남편들아 아내 (   )하기를 그리스도께서 교회를 사랑하시고 그 교회를 위하여 자신을 주심 같이 하라"

2. 하나님은 부모와 자녀가 서로 어떻게 하기를 바라십니까?

1) 부모가 자녀에게

에베소서 6:4

"아비들아 너희 자녀를 (   ) 하지 말고 오직 주의 (   )과 (   )로 양육하라"

잠언 13:24

"자식을 사랑하는 자는 근실히 (   )하느니라"

잠언 22:6

"마땅히 (   )을 아이에게 가르치라"

2) 자녀가 부모에게

에베소서 6:1, 2

"(   ) 안에서 너희 부모에게 (   )하라 … 네 아버지와 어머니를 (   )하라"

마태복음 5:23, 24

"형제와 (   )하(라)"

잠언 1:8

"네 아비의 (　　　　)를 들으며 네 어미의 (　　　　　)을 떠나지 말라"

훈련(training): 자녀들에게 어떻게 하면 상을 받고 벌을 받는지, 그 규칙을 가르치는 교정 행위이다.
훈계(instruction): 나쁜 것을 교정하는 말이다.
공경(honor): 특별한 관심과 마음으로 존경하는 것이다.
징계(discipline): 순종하도록 하는 훈련, 규율을 따르지 않을 때 벌을 주는 것이다.

3. 하나님이 우리 가족에게 바라시는 것을 관계 있는 것끼리 연결해 봅시다.

잠언 10:4 •　　　　　　• 용서하기

에베소서 4:32 •　　　　　　• 부지런하기

아모스 3:3 •　　　　　　• 가정 예배 드리기

욥기 1:5 •　　　　　　• 한마음 되기

디모데전서 5:8 •　　　　　　• 서로 관심을 갖고 돌보기

적용

1. 우리 가족을 소개하고, 가족에게 무엇을 해 주고 싶은지 적어 봅시다.

나와의 관계	이름	나이	하는 일	해 주고 싶은 것

2. 가정을 복의 통로로 허락하신 하나님께 감사하며, 나는 앞으로 어떤 가정을 만들어 가고 싶은지 이야기해 봅시다.

3. 하나님이 처음 창조하셨던 가정의 모습과 오늘날 가정의 모습을 비교해 봅시다.

2과
공동체 생활

"그러므로 이제부터 너희는 외인도 아니요 나그네도 아니요 오직 성도들과 동일한 시민이요 하나님의 권속이라 너희는 사도들과 선지자들의 터 위에 세우심을 입은 자라 그리스도 예수께서 친히 모퉁잇돌이 되셨느니라 그의 안에서 건물마다 서로 연결하여 주 안에서 성전이 되어 가고 너희도 성령 안에서 하나님이 거하실 처소가 되기 위하여 그리스도 예수 안에서 함께 지어져 가느니라"_에베소서 2:19~22

예수님이 이 땅에서 드린 마지막 기도에는 "우리와 같이 그들도 하나가 되게 하옵소서"(요 17:11, 20~23)라는 말이 두 번이나 나옵니다. 하나 됨은 예수님의 간절한 바람입니다. 예수님은 우리 개개인을 죄에서 구속하기 원하셨을 뿐 아니라 우리가 '하나 되기'를 원하셨습니다. 다음 내용을 살펴보면서 더 자세히 알아봅시다.

- 그리스도인이 공동체가 된다는 것은 어떤 의미입니까?
- 왜 예수님은 그리스도인들의 공동체를 그렇게 간절히 바라셨습니까?
- 그리스도인들의 하나 됨에는 어떤 비밀이 숨어 있습니까?
- 그리스도인의 공동체적인 삶은 어떠해야 합니까?

공동체로 부르신 하나님

1. 공동체의 기원은 하나님의 속성에 있습니다. 하나님은 어떤 분이십니까? (요 17:21~23)

2. 성경적 공동체를 이룰 수 있는 사람은 누구입니까? (고전 1:2)

3. 하나님이 선하고 아름답게 여기시는 것은 무엇입니까? (시 133)

4. 예수님이 이 땅에서 하신 마지막 기도에서 반복적으로 간구하신 것은 무엇입니까? (요 17:11, 22)

5. 하나님의 부르심에 합당한 태도에 대하여 에베소서 4:3~6은 무슨 말씀을 합니까?

1) 힘써 지킬 것 (3절, 참고. 골 3:14; 히 10:24)

2) 하나 됨을 지켜야 할 이유 (4~6절)

공동체적 삶

1. 성도가 공동체의 삶을 살면 어떤 유익이 있습니까?

1) 에베소서 4:13~16

2) 전도서 4:9~12

3) 요한복음 17:21~23 (참고. 요 13:34, 35)

2. 그리스도 공동체의 일원으로서 우리가 서로를 섬기는 태도는 어떠해야 합니까? (고전 12:12~28)

1) 지체로서 서로에 대하여 (12~20절)

2) 연약한 지체에 대하여 (21~27절)

참고문헌 ───
『성도의 공동생활』(디트리히 본회퍼, 복있는사람, 2016)

3) 지체로서의 역할에 대하여 (28절, 참고. 롬 12:3~8)

3. 공동체의 사명은 무엇입니까?

1) 시편 50:5

2) 사도행전 1:8

3) 에베소서 3:9, 10

4. 공동체의 삶을 유지하는 데 좋은 태도는 무엇입니까?

함께 하는 날	히 10:24, 25
	약 5:15, 16
	엡 4:2
홀로 있는 날	딤전 4:7, 8

"공동체의 삶에는 반드시 개인이 홀로 있는 날이 동반되어야 합니다. 홀로 있는 날 없이 함께하는 날만을 가지는 것은, 공동체와 각 개인에게 아무 유익이 없습니다." _『성도의 공동생활』(디트리히 본회퍼, 복있는사람, 2016)

적용

1. 나는 어떤 공동체에 속해 있으며, 그 공동체의 사명은 무엇입니까?

2. 내가 그리스도의 몸인 공동체의 일원으로서 누리고 있는 은혜를 나누어 봅시다.

3. 나의 은사는 무엇이며, 공동체를 위해 내가 할 수 있는 일은 무엇입니까?

3과
사회생활

"이같이 너희 빛이 사람 앞에 비치게 하여 그들로 너희 착한 행실을 보고 하늘에 계신 너희 아버지께 영광을 돌리게 하라"
_마태복음 5:16

현대인들은 인간의 자유와 자율성은 강조하고 존중하면서 세상의 모든 것 위에 있는 하나님의 주권은 인정하지 않습니다.

하나님의 다스림은 가정이나 교회 같은 하나님의 공동체뿐 아니라 사회 구조나 조직, 제도 등 세상의 모든 영역에서 실현되어야 합니다. 인간 삶의 그 어떤 것도 하나님의 창조 질서에 포함되지 않는 것이 없기 때문입니다(골 1:16; 벧전 2:13).

우리가 살아가고 있는 이 사회 역시 하나님의 다스림 아래 있다고 믿는 그리스도인들은 과연 어떻게 생각하고 행동해야 할까요? 성경은 그리스도인들이 사회 속에서 어떻게 사는 것이 '하나님의 나라와 의를 구하는 삶'이라고 말씀하는지 살펴봅시다.

하나님의 통치

1. 골로새서 1:15~20을 읽고 다음 물음에 답해 봅시다.

1) 예수님이 창조하신 것은 어떤 것들입니까? (15, 16절)

2) 하나님은 이 창조물들이 자신과 어떤 관계에 있기를 원하십니까? (19, 20절, 참고. 골 2:10, 13~15)

2. 지금 하나님의 피조물은 어떤 상태에 있으며, 이 피조물이 바라는 것은 무엇입니까? (롬 8:19~22)

1) 피조물의 상태 (22절)

2) 피조물이 바라는 것 (19, 21절)

3. 현대 시대의 그리스도인은 어떤 신앙의 태도를 지녀야 합니까? (롬 12:2)

1) 본받지 말아야 할 것

2) 가치 판단의 기준이 되어야 할 것

4. 그리스도를 주로 모신 교회는 어떻게 해야 하나님의 선하시고 기뻐하시고 온전하신 뜻대로 살아가는 공동체가 될 수 있습니까? (롬 12:5~21)

1) 공동체에서 (5~13절)

2) 사회에서 (14~21절)

사회 안에서 우리의 태도

1. 그리스도인들은 세상에서 어떤 역할을 해야 합니까? (마 5:13~16)

2. 로마서 12:19, 20과 베드로전서 3:16에서 찾을 수 있는 공통된 교훈은 무엇입니까? (참고. 벧전 2:18~25)

3. 2번 문제에 대하여 예수님이 보여 주신 본은 무엇입니까? (벧전 3:18)

4. 권세에 대한 우리의 태도는 어떠해야 합니까?

1) 정당한 권세에 대하여 (롬 13:1~3)

2) 불의한 권세에 대하여 (벧전 2:18; 단 1:8)

3) 우리가 갖게 된 권세에 대하여 (막 10:42~45; 벧전 5:1~6)

5. 성경적 문화와 가치를 가진 그리스도인이 이 세상에서 사는 일은 힘든 씨름임에 틀림없습니다. 우리는 자주 애매한 고난을 당하고 세상의 미움을 받기도 합니다. (벧전 2:19, 20; 요 17:14) 그리스도인의 사회생활에서 바울이 말하는 씨름의 대상과 방법을 살펴봅시다. (엡 6:10~18)

1) 씨름의 대상은 무엇입니까? (12절)

2) 씨름을 위한 무장 방법은 무엇입니까? (13~18절, 참고, 벧전 4:1)

3) 유일한 공격용 무기인 칼이 상징하는 것은 무엇입니까? (17절)

6. 그리스도인은 어떤 마음으로 세상 사람들을 대해야 합니까?

1) 어떤 태도로 세상 사람들을 대해야 합니까? (마 7:12; 롬 12:14~18)

2) 우리의 이웃은 누구입니까? (마 25:31~46, 참고, 레 19:9, 10)

적용

1. 내가 사회생활에서 겪는 어려움은 무엇이며, 그리스도인으로서 그 일을 어떻게 해결해야 한다고 생각합니까?

2. 이 사회에서 하나님의 다스림을 회복하기 위해 그리스도인 공동체가 적극적으로 해야 할 일은 무엇인지 이야기해 봅시다.

4과

문화생활

"너희는 이 세대를 본받지 말고 오직 마음을 새롭게 함으로 변화를 받아 하나님의 선하시고 기뻐하시고 온전하신 뜻이 무엇인지 분별하도록 하라"_로마서 12:2

그리스도를 주님으로 모시고 산다는 것은 나와 그리스도인 공동체가 삶과 생활양식 등 문화의 모든 것을 완전히 새롭게 바꾸어 복음이 내 삶의 주인이 되게 하는 것을 뜻합니다. 현대 문화는 인간 개개인의 이성이나 감성, 욕구가 최고의 자리에 앉아 주인 노릇을 하고 있습니다. 다음 문제들을 살펴보며 이 땅에서 우리는 어떤 태도로 살아야 하는지 알아봅시다.

- 하나님이 원하시는 문화는 어떤 것입니까?
- 그리스도인은 세상 문화에 대하여 어떤 태도를 취해야 합니까?

이 시대의 문화

문화란 넓은 의미로는 인간 활동 전체를 뜻하며, 좁은 의미로는 음악이나 미술, 춤, 연극, 영화를 포함하는 예술이나 문학, 인문과학 등을 뜻한다.

1. 문화는 근본적으로 누구의 것입니까? (고전 3:21~23, 참고. 골 1:16)

2. 원래 하나님의 기쁨이 되어야 할 아름다운 문화가 잘못된 방향으로 가게 된 것은 인간의 타락 때문입니다. 인간이 타락 이후 추구하게 된 것은 무엇인지 사탄의 유혹과 연관 지어 살펴봅시다. (창 3:4~6)

3. 우리 문화의 바람직하지 않은 양상을 찾아봅시다.
1) **하나님 아는 것을 대적하여 높아진 것** (참고. 고후 10:4, 5)

2) 이 시대의 문화가 추구하는 것들 (롬 13:13, 14; 요일 2:16)

하나님이 원하시는 문화

1. 하나님은 우리가 어떤 문화를 만들기 원하시는지 살펴봅시다.

1) 창세기 1:26~28

2) 빌립보서 4:8

2. 하나님이 원하시는 문화를 만들려면 세상의 문화에 어떤 태도를 취하는 것이 좋습니까?

1) 고린도후서 10:4, 5

2) 데살로니가전서 5:4~8

3) 요한일서 2:15~17

4) 다니엘 1:5~8

3. 앞서 살펴본 내용을 바탕으로 기독교 문화를 판단하는 기준은 무엇인지 이야기를 나누어 봅시다. (참고. 창 1:1; 고전 10:31; 빌 3:7, 8; 롬 12:2)

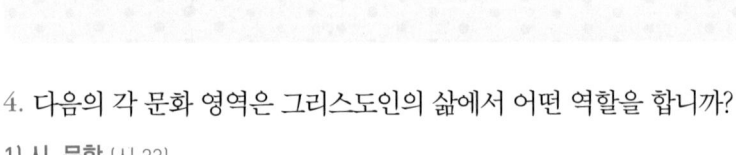

4. 다음의 각 문화 영역은 그리스도인의 삶에서 어떤 역할을 합니까?
1) 시, 문학 (시 23)

2) 음악 (엡 5:19; 약 5:13)

3) 연극, 영화 (잠 17:22)

4) 미술, 건축, 스포츠, 게임 (딤전 4:8)

적용

1. 내 삶의 영역에 자리잡은 성경적으로 바람직하지 않은 문화를 말해 보고, 하나님이 기뻐하시는 문화로 바꾸기 위해 노력할 부분을 찾아서 실천해 봅시다.

구분	바람직하지 않은 문화	하나님이 기뻐하시는 문화로의 변혁
나와 가정		
공동체(교회)		
사회(학교), 국가		
예술, 인문 분야		

5과
복음 전파

"오직 성령이 너희에게 임하시면 너희가 권능을 받고 예루살렘과 온 유대와 사마리아와 땅 끝까지 이르러 내 증인이 되리라 하시니라"_사도행전 1:8

모든 그리스도인의 사명은 예수 그리스도를 세상 사람들에게 알리는 것입니다. 그분은 하나님이시며 우리 죄를 위하여 십자가에서 죽으시고 부활하신 구주이시고, 이 땅에 하나님 나라의 왕으로 오신 분입니다. 우리는 이 사실을 우리 삶에서 다양한 방법(말, 생활, 관계 등)으로 전파해야 합니다. 예수님은 승천하시기 직전에 모든 족속에게 이 사실을 알리도록 제자들에게 엄히 명령하셨습니다. 사도 바울도 때를 얻든지 못 얻든지 복음을 전하라고 명령하였습니다.

그리스도인인 우리가 예수님의 증인으로서의 역할을 잘 감당하려면 어떻게 해야 하는지 알아보고 실천합시다.

복음을 전함

1. 복음이란 무엇입니까? (요 3:16)

2. 복음에 대한 바울의 태도는 어떠했습니까? (롬 1:16; 빌 1:20)

3. 복음에 대한 나의 태도는 어떠합니까?

4. 우리는 복음을 어떻게 전파할 수 있습니까?

   1) 말로 전파함 (행 8:35; 롬 10:14)

   2) 생활을 통해 전파함 (빌 2:15)

5. 복음을 전하는 자의 마음은 어떠해야 합니까? (고전 2:4, 5; 딤후 1:7, 8)

6. 복음을 전하는 사람에게 주신 하나님의 약속은 무엇입니까? (단 12:3)

전도의 실제

1. 준비

    기도로 무장하며 전도 대상자를 찾습니다.

2. 도입

    ① 나의 신앙을 간증합니다.

    ② 구원을 확인하는 질문을 합니다.

    질문 1   만약 내가 오늘밤 이 세상을 떠나면 천국에 들어갈 수 있다고 생각합니까? (예, 아니오, 글쎄요)

    질문 2   내가 세상을 떠나 다행히도 천국에 가게 되었습니다. 천국의 주인이신 하나님이 "○○야/아, 너는 어떻게 나의 천국에 오게 되었느냐?"라고 물으신다면 뭐라고 대답하겠습니까?

3. 복음 제시

    ① 천국   하나님은 천지와 사람을 창조하시고 하나님 나라에서 함께 살기를 원하셨습니다. (창 1:1, 2:8)

    ② 사람   그러나 사람이 죄를 지어 하나님과 함께 살 수 없게 되었습니다. (롬 3:23, 6:23)

    ③ 하나님   하나님은 공의로우셔서 죄를 지은 사람을 벌하셔야 했지만 사람들을 사랑하셔서 벌주기를 원치 않으셨습니다. (출 34:7; 요일 4:8)

    ④ 예수님   예수님이 이 땅에 오셔서 우리 죄를 대신해 죽으시고 부활

하셔서 우리를 사망에서 구원해 주셨으며, 이 땅에 하나님 나라를 회복하셨습니다. (사 53:6; 벧전 3:18)

⑤ **믿음** 우리는 예수님을 믿음으로 천국(하나님 나라)에서 하나님과 영원히 살 수 있습니다. 예수님을 나의 구주와 주님으로 영접하여 이 영생의 선물을 받으시겠습니까? (엡 2:8, 9; 요 1:12)

4. 결신과 관리

- 영접 기도를 하게 합니다. (『새 생명』 5과 기도문 참조)
- 성장을 위하여 매일 성경 읽기, 기도하기, 교회 등록 및 출석을 권합니다.
- 개인 연락처를 주고받은 후 모임에 초대하는 등 관계를 형성합니다.

적용

1. 전도를 위한 나의 간증문을 써 봅시다. (참고. 행 26:9~23)

1) 예수님을 믿기 전에 나는,

2) 예수님을 믿고 난 후에 나는,

2. 아래 표에 전도 대상자와 방법을 적고 복음을 전해 봅시다.

이름	관계 혹은 하는 일	전도 방법

교사선교회가 만든 제자훈련 시리즈 ──────────

1. 새 생명
40쪽 | 5,600원

3. 제자의 삶
128쪽 | 8,400원

2. 그리스도인의 삶
128쪽 | 8,400원

4. 일꾼의 삶
120쪽 | 8,400원

제자훈련 시리즈 2
그리스도인의 삶

초판 1쇄 발행 2023년 5월 5일
초판 2쇄 발행 2025년 7월 17일

저자	교사선교회
감수	교사선교회 교사국
기획	교사선교회 출판위원회
편집	강민영
디자인	임현주
제작	이광우
경영 지원	이성경
인쇄	한국학술정보(주)
펴낸곳	템북
펴낸이	김선희
주소	인천 중구 흰바위로59번길 8, 1036호
전화	032-752-7844
팩스	032-752-7840
홈페이지	tembook.kr
출판등록	2018년 3월 9일 제2018-00006호
ISBN	979-11-89782-82-5 04230
	979-11-89782-80-1 04230 (세트)

책값은 뒤표지에 있습니다.